Michael Krins | Mechtild Runnebom

Kinder beim Arzt

Ein Vorlesebuch für Kinder

Mit Tipps für Eltern!

Danksagung

Mein Dank gilt allen Kindern und deren Eltern,
die dieses Buchprojekt erst möglich machten.

Konzept & Text:

Dr. med. Michael Krins
Kinder- und Jugendarzt
Psychotherapie – Neuropädiatrie
49393 Lohne
Email: Praxis.Krins@gmx.de

Fotos:

Mechtild Runnebom
Freie Fotografin mit Schwerpunkt Kinderportrait
49393 Lohne
Email: foto.runnebom@ewetel.net
Web: www.bilderei.net

Inhaltsangabe

Der Besuch . . . . S. 4 – 21

Die Vorsorgeuntersuchungen . . . S. 22 – 61

Kranke Kinder . . . . S. 62 – 88

 Hier kannst Du ein schönes Bild malen.
Vielleicht von einem Besuch bei Deinem Arzt…

Der Besuch

TIPPS für Eltern

Besprechen Sie den Arztbesuch frühzeitig mit Ihren Kindern, solange diese gesund sind. Sagen Sie den Kindern ehrlich, was sie wahrscheinlich in der Praxis erwartet. Dieses Buch kann für die Kinder vielleicht eine gute Vorbereitung sein.

Lina und Max sind mit ihrer Mutter auf dem Weg zum Kinderarzt. ....

TIPPS für Eltern

Versprechen Sie im Vorfeld des Besuches keine Geschenke nach dem Motto: "Wenn du lieb bist, dann..." Angemessenes Verhalten setzen Sie bei den Kindern voraus, loben können Sie besser später.

Haben Sie an alles gedacht?
Vorsorgeheft, Impfbuch, Kranken-Chipkarte und am besten einen Merkzettel mit den wichtigsten Fragen an den Arzt.

.... Lina freut sich auf die vielen anderen Kinder in der Praxis – sie will dort spielen.
Max möchte am liebsten wieder gehen, weil er Angst vor Spritzen hat.

TIPPS für Eltern

Wenn Ihr Kind krank ist, sehen Sie sich Ihr Kind noch zu Hause einmal ausgezogen an! Manchen Hautausschlag können Sie erst so entdecken. Wenn Sie dann noch Fieber messen und die Temperatur aufschreiben, helfen Sie dem Arzt beim Finden der Diagnose.

MERKE:

Fiebermessen nur im Po oder in der Wangentasche – frühzeitig beim gesunden Kind üben!

Dan darf noch nicht ins Wartezimmer gehen, weil er vielleicht eine ansteckende Krankheit hat.

Der Besuch | 11

Die Zwillinge warten ängstlich und erwartungsvoll vor der Anmeldung.

Der Besuch | 13

TIPPS für Eltern

Die Arzthelferin wird dankbar sein, wenn Sie Ihre Termine einhalten und personelle Veränderungen mitteilen. Denken Sie daran:
In vielen Praxen haben Kinder mit Termin, mit Behinderungen oder wenn sie sehr krank sind, Vorrechte. Sie können eventuell schneller behandelt werden.

Die Eltern melden Jonas bei der Arzthelferin an der Anmeldung an.

Der Besuch | 15

Joel ist krank und die Mutter sagt es der Helferin.

MERKE:
Freundliche Eltern bekommen auch eine freundliche Behandlung durch das Praxispersonal!

Der Besuch | 17

Malte und Lena spielen im Wartezimmer, Luke bastelt....

TIPPS für Eltern

Eltern, die Zeit haben und Ruhe ausstrahlen, sind eine gute Voraussetzung dafür, dass der Besuch beim Arzt den Kindern in guter Erinnerung bleibt.

.... und Jasmin liest mit ihrer Mutter ein Buch.

TIPPS für Eltern

Achten Sie darauf, dass die Kinder Spielzeug und Bücher pfleglich behandeln!

 Hier kannst Du ein schönes Bild von Deiner Vorsorgeuntersuchung malen:

Die Vorsorge- untersuchungen

TIPPS für Eltern

Es ist gut, wenn Ihr Säugling satt und ausgeschlafen zur Untersuchung kommt. Wenn es etwas dauern sollte, können Sie noch einmal anlegen oder ein mitgebrachtes Fläschchen geben.

Vergessen Sie nicht Pflegeset und Windeln zum Wechseln!

Hier siehst du ein kleines Baby. Der Arzt prüft, ob es gesund ist. Das Baby friert nicht, denn es liegt unter einer Wärmelampe.

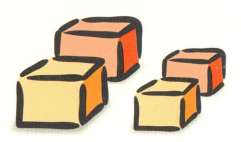

Die Vorsorgeuntersuchungen | 25

TIPPS für Eltern

Die Sonographie ist besonders bei Kindern eine wichtige diagnostische Hilfe. Sie ist schmerzfrei.

Mit einem besonderen Gerät wird hier das Baby untersucht. Der Arzt und der Vater können in einem Fernseher ein wenig in den Körper des Kindes hineinschauen.

Die Vorsorgeuntersuchungen | 27

TIPPS für Eltern

Der Arzt sagt Ihnen, ob der Säugling ein gutes Gewicht und eine angemessene Größe hat; Sie können es aber auch nachsehen auf den Kurven auf den letzten Seiten des Vorsorgeheftes (sog. Perzentilekurven).

Hier wird ein Baby gemessen und gewogen.

Die Ärztin prüft die Aufmerksamkeit des Säuglings.

TIPPS für Eltern

Fragen Sie den Arzt, was Sie tun können, um Ihren Säugling vor dem sog. "plötzlichen Kindstod" zu schützen!

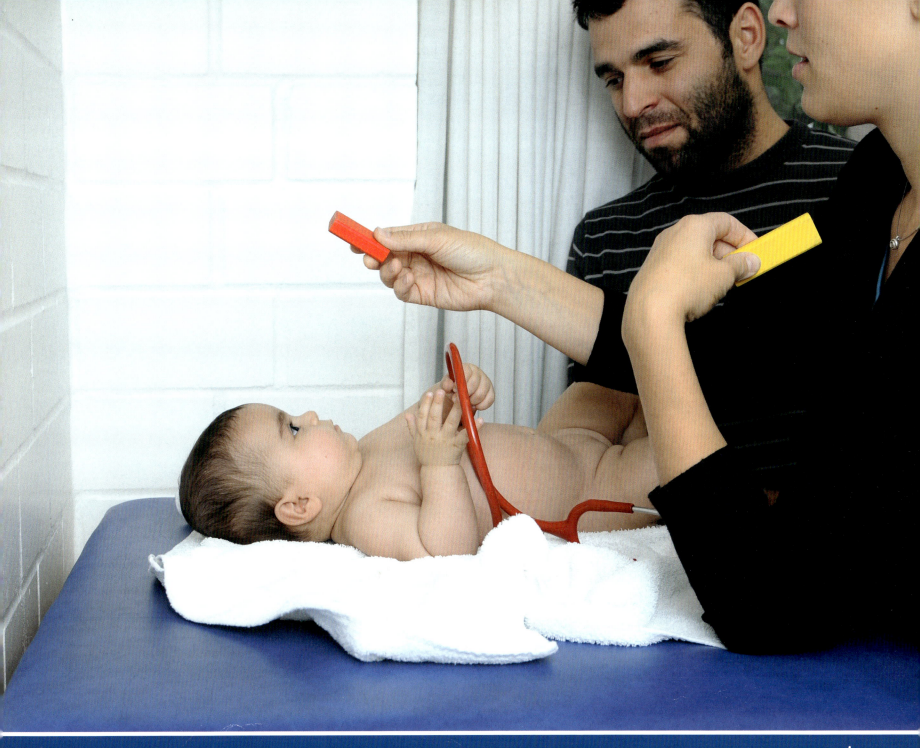

Die Vorsorgeuntersuchungen | 31

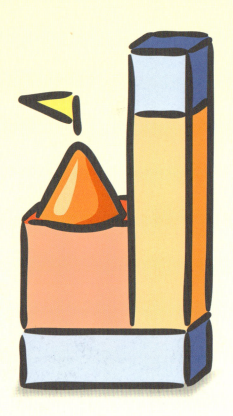

Dem kleinen Leo gefällt die Untersuchung nicht besonders. ….

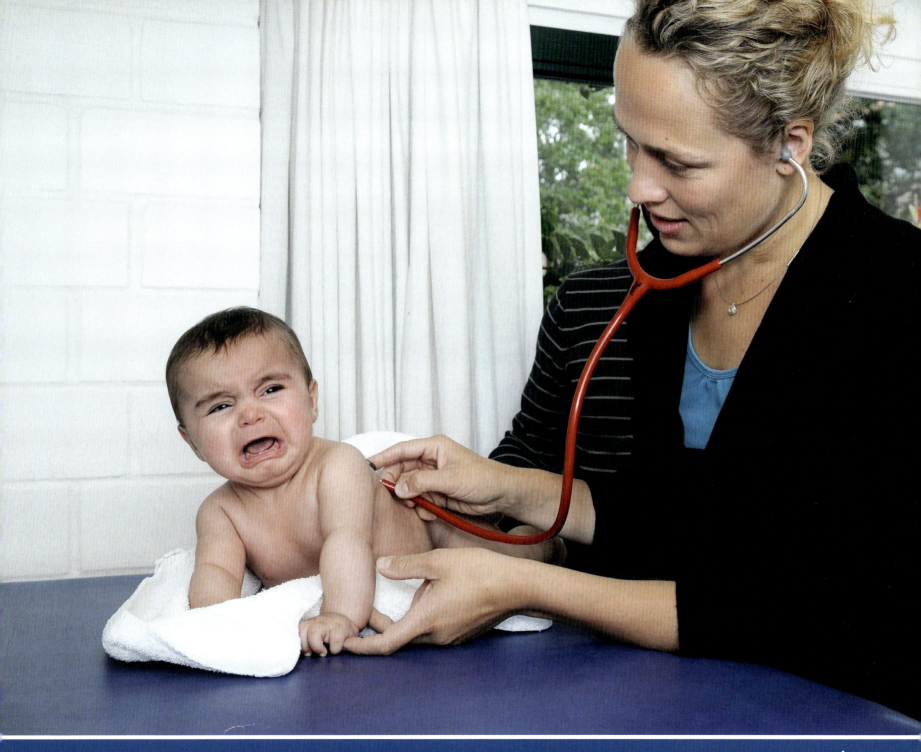
Die Vorsorgeuntersuchungen | 33

TIPPS für Eltern

Sollte der Säugling Ihr erstes Kind sein, scheuen Sie sich nicht, auch "banale" Fragen zu stellen – der Arzt kann oft helfen. Andernfalls bekommen Sie "tausend kluge Ratschläge", die mehr verunsichern als helfen.

.... Marie dagegen ist ein fröhliches Kind.

Hanna kann schon alleine sitzen. Kopfmessen tut ihr nicht weh.

TIPPS für Eltern

Ängstliche Kinder lassen sich oft besser auf dem Schoß von Mutter oder Vater untersuchen. Es hilft dem Arzt sehr, wenn die Eltern auch bei schwierigen Untersuchungen dem Kind signalisieren, dass sie den Arzt unterstützen.

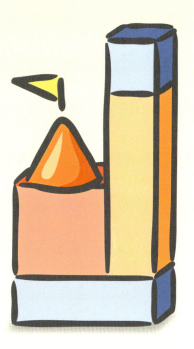

TIPPS für Eltern

MERKE:
Zwar haben Kinder ein gutes Gedächtnis, sie sind aber nicht nachtragend, wenn Eltern und Arzt "an einem Strang ziehen!"

Manchmal weint ein Kind auch bei der Untersuchung.

TIPPS für Eltern

Weil die Kinder in der Regel einzeln zur Vorsorgeuntersuchung kommen, ist es für den Arzt wichtig zu wissen, wie sich das Kind im sozialen Umfeld wie Familie oder Kindergarten verhält. Fragen Sie daher bitte vor der Vorsorgeuntersuchung die Erzieherinnen des Kindergartens nach den Stärken und Schwächen Ihres Kindes und geben Sie diese Informationen an den Arzt weiter.

Sophie wartet mit einem Bilderbuch auf die Vorsorgeuntersuchung.

Davin zeigt dem Arzt, wie geschickt er schon einen hohen Turm bauen kann.

TIPPS für Eltern

Ängstliche Kleinkinder kann man zunächst bei einem mutigen Kind bei der Vorsorge zuschauen lassen. Anschließend gelingt die Vorsorgeuntersuchung oft dann auch bei sensiblen Kindern.

TIPPS für Eltern

Impfen gehört zu den größten Errungenschaften der Medizin und ist eine nicht mehr wegzudenkende Vorsorge für Ihre Kinder. Lassen Sie sich daher bitte nicht von sog. "Impfgegnern" verunsichern, sondern fragen Sie Ihren Kinderarzt nach Nutzen und eventuellem Risiko.

Malte bekommt einen Pieks, damit er später nicht krank wird.

Die Vorsorgeuntersuchungen | 45

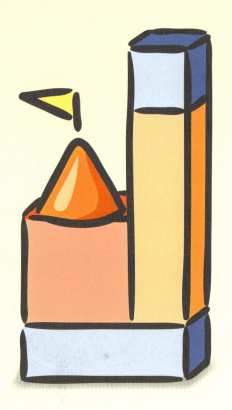

Nach dem Impfen tröstet der Vater seine Tochter.

Emma ist sehr neugierig, wie der Arzt die Mutter untersucht.

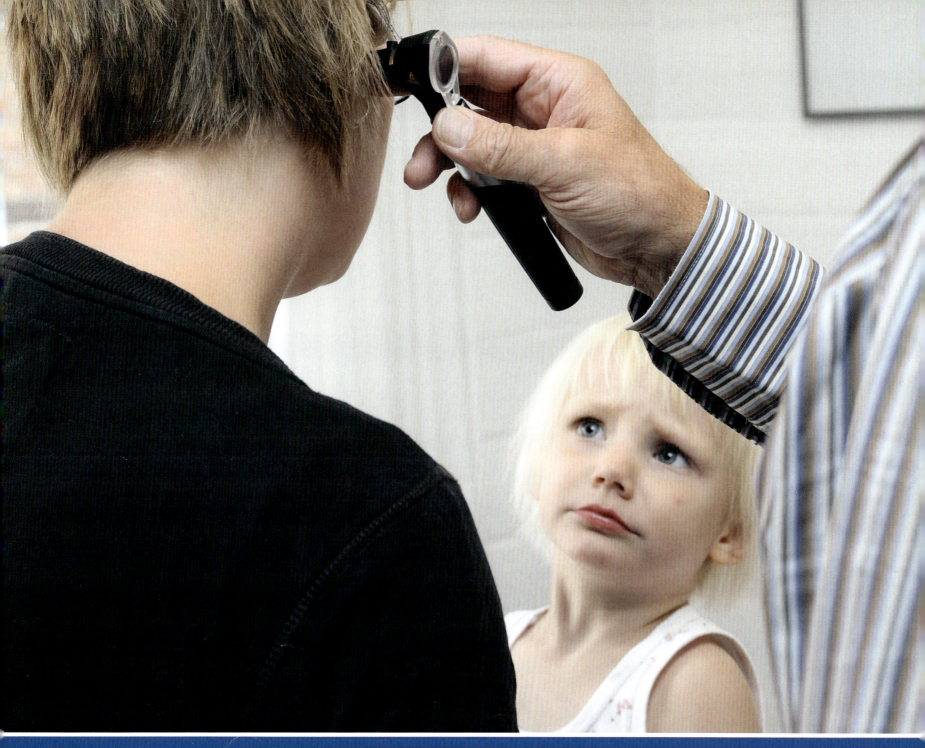

TIPPS für Eltern

Ängstliche Kinder lassen sich oft gut untersuchen, wenn sie bei Mutter, Vater oder Teddy erlebt haben, dass eine Untersuchung nicht wehtut.

Danach lässt auch sie sich untersuchen.

Niklas wird gemessen und darf mit der Ärztin turnen.

TIPPS für Eltern

Manche Kinder mögen sich zunächst nicht gern Hemd und Socken ausziehen. Man kann dieses Ausziehen auf später verschieben, wenn sie Vertrauen gefasst haben.

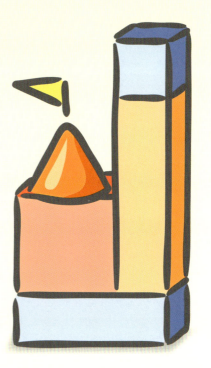

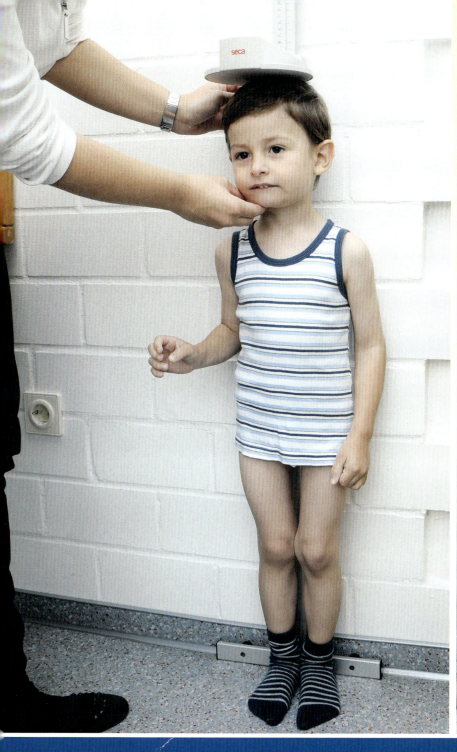

TIPPS für Eltern

Wenn Sie zu Hause Kopfhörer haben, sollten Sie dort das Anlegen der Kopfhörer schon einmal üben!

Bei Collin wird mit Kopfhörern geprüft, ob er gut hört.

Danach muss er in einem Gerät Bilder erkennen.

TIPPS für Eltern

Bei Familien mit Augenproblemen oder nicht eindeutigem Sehtest sollte großzügig eine zusätzliche Untersuchung beim Augenarzt erfolgen.

MERKE:
Auch Säuglinge bekommen manchmal schon eine Brille!

TIPPS für Eltern

Leider nutzen noch wenige Jugendliche ihre Vorsorgeuntersuchungen. Versuchen Sie Ihre Kinder zu überzeugen, diese Untersuchung wahrzunehmen.

Gowtha füllt gerade einen Fragebogen für Jugendliche aus.

Mit dem 13-jährigen David unterhält sich der Arzt über die Antworten auf dem Fragebogen.

TIPPS für Eltern

Viele Praxen haben extra Sprechstunden oder Wartebereiche für Jugendliche. Ob Sie bei der Untersuchung als Eltern dabei sind oder nicht, müssen Sie mit Ihrem Kind besprechen.

Hier kannst Du ein Bild von Dir malen, wie Du krank im Bett liegst oder wie du gesund im Garten spielst:

Kranke Kinder

TIPPS für Eltern

Kranke Kinder lassen sich naturgemäß oft nicht gerne untersuchen. Daher ist es gut, manche Untersuchungsabläufe beim gesunden Kind zu üben.

Bei Fieber alte Hausmittel nicht vergessen (Wadenwickel, viel Flüssigkeitszufuhr)!
Fragen Sie den Arzt nach dem Inhalt einer Hausapotheke!

Melinda hat Halsschmerzen und Fieber. Mutig lässt sie sich in den Hals schauen. Anschließend ist sie froh, dass der Arzt sie gelobt hat.

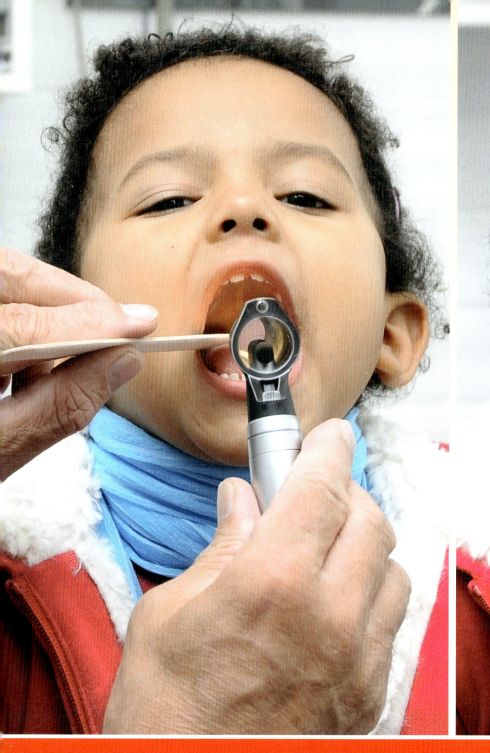
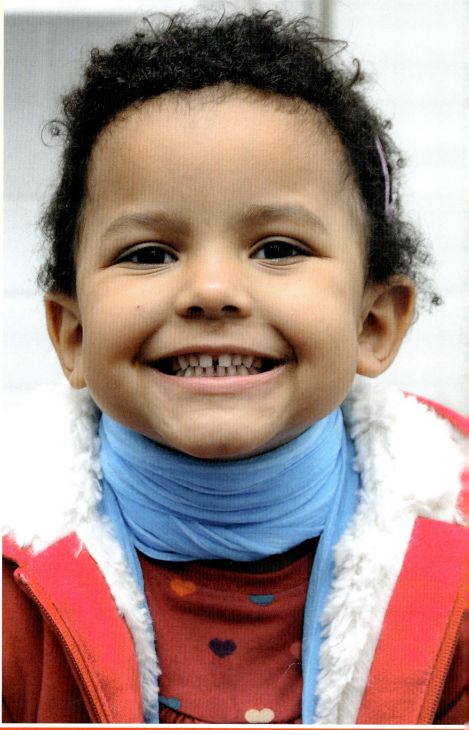

Kranke Kinder | 65

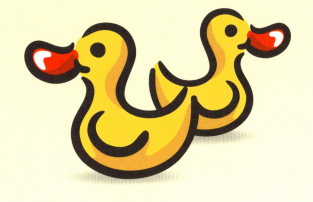

TIPPS für Eltern

Bei vielen Erkrankungen werden Kinder auch ohne Medikamente wieder gesund!

MERKE:
Nicht immer ist der Arzt der beste, der die meisten Medikamente verschreibt!

Alex hat sich verletzt.
Die Mutter tröstet ihn.

Auch Joel ist krank;
die Ärztin untersucht ihn.

TIPPS für Eltern

Weil kleine Kinder ihre Beschwerden noch nicht genau angeben können, müssen Kinder oft vollständig untersucht werden.
Sie sollten daher Geduld mit dem Arzt haben, auch wenn es länger dauert.
"Gründlichkeit geht vor Schnelligkeit!"

TIPPS für Eltern

Kinder sind kleine Persönlichkeiten, mit denen man je nach Alter schon gut diskutieren kann. Man kann sie oft überzeugen!

Hinnerk möchte keine Blutabnahme bekommen.

Der Arzt nimmt sich Zeit mit ihm darüber zu sprechen, auch dann, wenn er schon selbst etwas müde ist.

TIPPS für Eltern

Ein Blutbild gibt neben der Untersuchung dem Arzt wichtige Informationen. Signalisieren Sie daher dem Arzt und dem Kind, dass Sie die Blutabnahme unterstützen!

Anschließend lässt Hinnerk sich den kleinen Pieks im Labor gefallen.

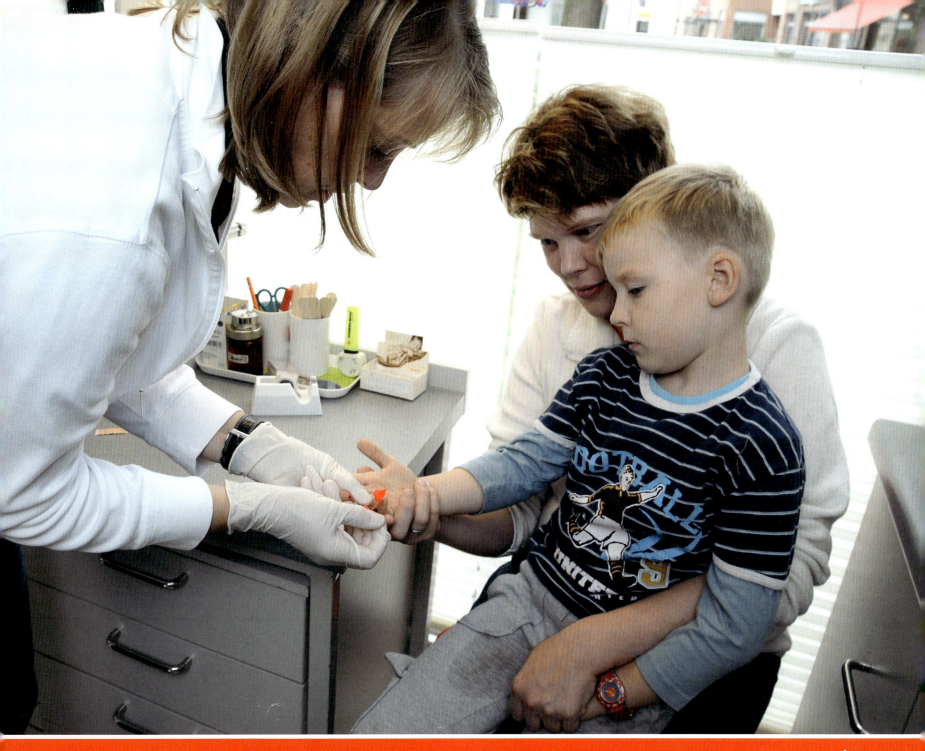

TIPPS für Eltern

Kinder sollten immer ihr Nuckeltuch oder ihr Schmusetier mitnehmen dürfen.

MERKE:
Kuschelobjekte sind für Kinder sehr wichtig, auch wenn sie schon alt oder abgenuckelt sind.

Linus werden die Hirnströme gemessen. Er darf alle Knöpfe, die gebraucht werden, anfassen.

Weil sein Bär auch untersucht wird, hat er keine Angst.

Bei Tobias wird die Atmung überprüft. Dafür hat er eine Klammer auf der Nase und er pustet in ein Rohr.

TIPPS für Eltern

Denken Sie bitte bei chronisch kranken Kindern selbst dann an die regelmäßigen Kontroll-Untersuchungen, wenn es dem Kind zwischenzeitlich sehr gut geht.

TIPPS für Eltern

Chronische Erkrankungen wie Diabetes, Asthma oder Epilepsie, aber auch Behinderungen sind für die betroffenen Kinder, ihre Eltern und Ärzte eine große Herausforderung. In Selbsthilfegruppen können betroffene Familien zusätzliche Unterstützung erhalten.

Bei Frank misst die Ärztin den Blutdruck.

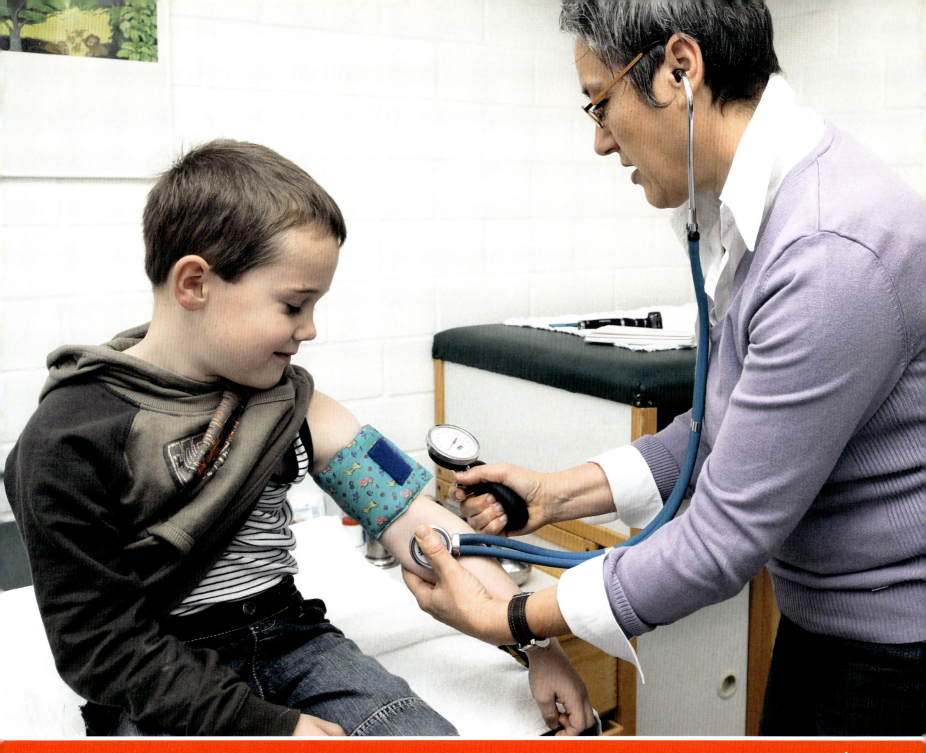

TIPPS für Eltern

Die Ärzte freuen sich nicht nur über ein Kinderbild, sondern Kinderbilder sagen auch viel aus über den Entwicklungsstand des Kindes. Bringen Sie dem Arzt daher ein aktuelles Kinderbild mit (eventuell während der Wartezeit in der Praxis gemalt).

Ein Kind hat den Ärzten zum Abschied dieses Bild geschenkt.

TIPPS für Eltern

Jetzt ist der richtige Zeitpunkt, ein kleines Geschenk zu kaufen oder ein Eis essen zu gehen.

Nicht vergessen:
Auch der Arzt freut sich über Lob und Zuspruch.

Leon verläßt erleichtert mit seiner Mutter die Praxis. Marius sagt "Tschüss" und sie gehen nach Hause.

Impressum:

Herausgeber:
Dr. med. Michael Krins

Konzept & Text:
Dr. med. Michael Krins
Kinder- und Jugendarzt
Psychotherapie – Neuropädiatrie
Keetstraße 14a · 49393 Lohne
Email: Praxis.Krins@gmx.de

Fotos:
Mechtild Runnebom
Freie Fotografin mit Schwerpunkt Kinderportrait
Im Weidegrund 2 · 49393 Lohne
Email: foto.runnebom@ewetel.net
Web: www.bilderei.net

Layout:
Thorsten Trimpe

Gesamtherstellung:
Druckerei H.-J.Rießelmann GmbH, Lohne
www.riesselmann-druck.de

© 2011

ISBN-Nr.: 978-3-00-033706-2